P9-DTK-316

RENEWALS 458-4574
DATE DUE

WITHDRAWN
UTSA Libraries

GAYLORD   PRINTED IN U.S.A.

Von Siegfried Lenz erschienen

Romane:
Es waren Habichte in der Luft (1951) – Duell mit dem Schatten
(1953) – Der Mann im Strom (1957) – Brot und Spiele (1959) –
Stadtgespräch (1963) – Deutschstunde (1968) – Das Vorbild
(1973) – Heimatmuseum (1978) – Der Verlust (1981) – Exer-
zierplatz (1985) - Die Klangprobe (1990) – Die Auflehnung
(1994) – Arnes Nachlaß (1999)

Erzählungen:
So zärtlich war Suleyken (1955) – Jäger des Spotts (1958) – Das
Feuerschiff (1960) – Lehmanns Erzählungen (1964) – Der Spiel-
verderber (1965) – Leute von Hamburg (1968) – Gesammelte
Erzählungen (1970) – Der Geist der Mirabelle (1975) – Ein-
stein überquert die Elbe bei Hamburg (1975) – Ein Kriegsende
(1984) – Das serbische Mädchen (1987) – Ludmilla (1996)

Szenische Werke:
Zeit der Schuldlosen (1962) – Das Gesicht (1964) – Hau-
ssuchung (1967) – Die Augenbinde (1970) – Drei Stücke (1980)

Essays und Gespräche:
Beziehungen (1970) – Elfenbeinturm und Barrikade (1983) –
Über das Gedächtnis (1992) – Über den Schmerz (1998) –
Gespräche mit Manès Sperber und Leszek Kolakowski (1980) –
Über Phantasie: Gespräche mit Heinrich Böll, Günter Grass,
Walter Kempowski, Pavel Kohout (1982)

Ein Kinderbuch:
So war das mit dem Zirkus. Mit farbigen Bildern von Klaus
Warwas (1971)

Siegfried Lenz

Mutmaßungen über die Zukunft der Literatur

Drei Essays

Hoffmann und Campe

Die Deutsche Bibliothek – CIP-Einheitsaufnahme
Lenz, Siegfried
Mutmaßungen über die Zukunft der Literatur:
Drei Essays/Siegfried Lenz.
–1. Aufl.– Hamburg: Hoffmann und Campe, 2001
ISBN 3-455-04283-X

Copyright © 2001 by Hoffmann und Campe Verlag, Hamburg
www.hoffmann-und-campe.de
Schutzumschlag- und Einbandgestaltung: Werner Rebhuhn
Satz: Utesch GmbH, Hamburg
Druck und Bindung: GGP Media, Pößneck
Printed in Germany

Library
University of Texas
at San Antonio

Inhalt

Mutmaßungen über die Zukunft der Literatur

Das Ende des Gutenberg-Zeitalters?

I

Als die großen Erzähler noch Analphabeten waren, schien die Zukunft der Literatur gesichert. Mündlich, nur mündlich gaben die Meister des gesprochenen Worts, die Überlieferer, weiter, was sie erlebt und gehört hatten, was ihnen zugetragen oder geoffenbart worden war. Ihre Autorität war nicht geringer als die eines schreibkundigen Sumerers oder eines altägyptischen Bibliothekars; denn sie verwalteten, bewahrten und vermittelten das Wissen der Welt aus dem Gedächtnis. Wie man den Götterzorn vermeidet; was vom Lesen der Fährten abhängt; wie man sich in seiner Weltangst einrichtet; wie man Verhängnisse überlebt und seinen Traum von Glück und Beute einlösen kann: sie wußten es, und sie veranschaulichten es in beispielhaften Erzählungen. Mündlich überlieferten sie den Fundus menschlicher Erfahrung. Und das Überlieferte blieb keineswegs nur ortsgebunden, ging durchaus nicht in lediglich provinziellem Wissen auf. Es wanderte davon, wurde unterwegs angereichert, erweitert, verwandelt und wurde von einem fremden Erzähler aufgenommen, der dem Ereignis eine neue Nähe gab, seine eigene Nähe: Der Jäger des Nordens fand in der Geschichte eines entlegenen Jagdzaubers sein Gleichnis. Anscheinend konnte auch mündlich überlieferte Literatur – bedenkt man die Wanderschaft archetypischer Konflikte – zu begrenzter Weltliteratur werden. Auch wenn die noch keine Leser fand, an bereitwilligen Zuhörern schien es ihr nicht gefehlt zu haben; und zwar an Zuhörern, die sich, nimmt man alles in allem, im Hinblick auf ihre Erwartungen und Hoffnungen mit den Lesern eines Buches vergleichen lassen.

Unterhaltung, das ist gewiß, erwarteten sie allemal, und unwillkürlich auch eine Bereicherung des Wissensstandes, denn der Erzählende brachte die Welt in die Hütte, ins Zelt. Indem er unbekanntes Schicksal beschwor, lud er aber auch zum Vergleich ein: Hört, was der berühmte Schiffbrüchige erdulden mußte, und haltet eure eigenen Mißgeschicke daneben. Gesprochene Literatur erweckte Anteilnahme und trug zur Aufklärung bei, sie erschütterte, erheiterte und verstörte und lieferte, wo es verlangt wurde, genußreiches Schaudern. Sie reichte jedenfalls aus, um eine neue, vielleicht sogar kritische Sicht des Lebens zu ermöglichen. Damit sie dies aber ermöglichen konnte, war sie auf die nachschaffende Phantasie des Zuhörers angewiesen – eine Bedingung, die auch der Leser erfüllen muß, um einem Text zur Wirkung zu verhelfen. Gleichviel, ob gehört oder gelesen: die Bedeutung für das Wahrgenommene wird im Kopf erteilt, wobei wir uns darüber im klaren sind, daß gesprochene Literatur einmalig ist, sie erreicht uns, selbst in der Variation, als Original. Zurückblättern ist nicht möglich, endlose Interpretation, die den ursprünglichen Erzählkern entrückt, will nicht glücken.

II

Ein für allemal gesichert glaubte man die Zukunft der Literatur durch die Erfindung des Buchdrucks. Gutenberg, der die Typenstempel zunächst aus Holz schnitt, später dann härteres Metall verwandte, um durch ein Einschlagen der Typen in entsprechend weiches Metall eine Art Matrize herzustellen – Gutenberg, der Erfinder der Schriftgießerei und der Druckpresse, hatte, so durfte man annehmen, der Literatur zu problemlosem Überdauern verholfen. Das Buch belegte die Existenz der Welt, es beantwortete die Fragen, die der Einzelne an das Leben stellte. Man konnte es erwerben, verschenken, konnte es auch wiederverkaufen, denn was sich bereits vor Gutenberg zaghaft zu erkennen gab: ein gewisser Marktwert des Buches wurde nach seiner Erfindung immer gewisser, kalkulierbarer. Durfte der mündliche Überlieferer von Geschichten nur auf die Generosität seiner Zuhörer hoffen, so verständigten sich Käufer und Verkäufer eines Buches auf den kalkulierten

Preis. Der Wert war so unbestritten, daß selbst Geldverleiher den Besitz von Büchern als Sicherheit anerkannten. In seiner »Geschichte des Lesens« hat Alberto Manguel gezeigt, daß der Buchhandel als Wirtschaftsfaktor schon im 15. Jahrhundert erstaunlich etabliert war: Auf den Handelsmessen in Frankfurt und Nördlingen wurden Bücher als ordentliche Ware gehandelt.

Daß gedruckte Literatur zum Kauf auslag, bedeutete aber noch keineswegs, daß sie jedermann zugänglich war. An Literatur teilzuhaben stellte lange ein Privileg dar, stand für besondere Lebensart und herausragenden sozialen Status. Ein Arbeiter, der damals zum Kauf eines Buches etwa ein Viertel seines Monatsverdienstes hätte aufwenden müssen, sah sich, wenn er es denn gewollt hätte, von einer Teilhabe ausgeschlossen. Die Voraussetzungen, die Gutenberg schuf, kamen zwar der enormen Verbreitung von Literatur zugute, doch mit ihr leben konnten nur die, die es sich leisten konnten. Sie aber verhalfen der Literatur zu unerwarteter Blüte.

Die Freiheit des Lesers wurde entdeckt. Der Deutungseifer feierte Triumphe. Die gedruckten Angebote eines Autors wurden als Anlaß genommen, sich selbst zu erörtern: die eigenen Taten und Unterlassungen, die Leidenschaften und Melancholien, das Befinden in der Welt. Literatur als wunderbare Möglichkeit, etwas durch ein anderes darzustellen, Nähe aus der Ferne zu gewinnen, wurde unentbehrlich. Niemals hätten sich ein humanistischer Literaturinterpret oder ein Buchliebhaber des 19. Jahrhunderts vorzustellen gewagt, daß es mit der geschriebenen Literatur ein Ende haben könnte. Da schon die Religionen nicht auf das Bild, sondern auf den Buchstaben setzten, konnte erwartet werden, daß dem Buch keine ernsthafte Konkurrenz erwachsen könnte; der Himmel schien mit ihm zu sein.

III

Die klassische Vorstellung vom Leser, der bereit
ist, die Einsamkeit eines Autors zu teilen, mußte
aber bereits überprüft werden, als das Radio erfunden wurde. In der Heraufkunft dieses neuen
Mediums, das Literatur gleichzeitig an Millio-
nen Konsumenten vermitteln konnte, glaubten
einige wenn auch nicht den Verdränger, so doch
den Ideal-Konkurrenten des Buches zu erblik-
ken. Der Konsument, der wußte, daß er im Augenblick des Empfangs mit vielen anderen Hö-
rern verbunden war, wäre nie auf den Gedanken
gekommen, daß der Autor sein Buch für ihn, ihn
allein, geschrieben haben könnte. Die Intimität
überkommener Lesekultur wurde aufgehoben;
eine andere Qualität der Wahrnehmung zeigte
sich. Noch aber war der Autor nicht entmachtet:
Auch im gehörten Buch ließen sich sein persön-
licher Stil erkennen, seine formalen Fähigkeiten, seine Überredungskunst – sie erkannte man
an, ihnen vertraute man. Da die Rezeption von
sogenannten Hörbüchern eine andere Auf-

merksamkeit erfordert als eine stille Lektüre –
sie kann anscheinend beiläufiger geschehen,
müheloser und genügt sich oft darin, überflüssi-
ge Zeit nutzbringend zu verwenden –, war es
wohl absehbar, daß eines Tages regelrechte
Hör-Bibliotheken entstehen würden, in denen
Proust, Joyce oder Thomas Mann auf Kassette
zu haben sind. Doch seltsam genug: Diese Hör-
Bibliotheken haben das Buch keineswegs ersetzen oder überflüssig machen können; es läßt sich
sogar in einzelnen Fällen nachweisen, daß das
gedruckte Buch durch das gehörte begünstigt
wurde. Aus aufschlußreichem Ungenügen nämlich entschieden sich Hörer dazu, das Gehörte
noch einmal nachzulesen; nicht selten aus dem
Bedürfnis, ein gewonnenes Urteil durch Lektüre zu bestätigen. Das aber legt die Vermutung
nahe, daß wir bei der Entwicklung unserer ko-
gnitiven Fähigkeiten nicht aufs Lesen verzich-
ten können. Lesend – so argumentierte schon
Plato – wird die Urteilskraft gefördert, lesend
wird das Erinnerungsvermögen verfeinert, wird
die Phantasie entwickelt.

IV

Hellsichtige Diagnostiker, die die Zeichen der Zeit früh wahrgenommen haben, versichern uns, daß für den Erzähler die Spätzeit bereits begonnen habe, für ihn und die ganze narrative Literatur. Michael Joyce hat erkannt: «Wir befinden uns in der Spätzeit des Drucks, einer Übergangszeit, da das Buch, wie wir es kennen, dem Ausdruck des Geistes in Lichtform Platz macht.» Da stellt sich wie von selbst die Frage: Wird der Bildschirm des Computers das Buch überflüssig machen, wird Gutenbergs schwarze Revolution bald nur noch ein Abreißblatt in der Geschichte der Textverbreitung sein?

Was sich dem computerorientierten Konsumenten heute an Informationsvielfalt bietet, hätte sich ein Schriftgießer alter Tage in der Tat nicht träumen lassen. Schon ist es möglich, am Bildschirm durch das gewaltige Labyrinth menschlichen Wissens zu streifen, durch ein scheinbar unbegrenztes Universum. Die enzyklopädische Offerte braucht nur angenommen zu werden, und wir können nicht nur in die Tiefe der Zeit tauchen, sondern auch alle gewonnenen Informationen miteinander verbinden. Die Musik eines Jahrhunderts, seine Philosophie, seine Malerei, seine Naturwissenschaften werden im Augenblick präsent, und nicht nur dies: Sie verweisen auch aufeinander. Der Semiotiker Eco, der selbst eine CD-ROM verfaßt hat – er nannte sie »Encyclomedia« – ist sicher, daß die neue Technologie gewisse Bücher verdrängen wird, Handbücher vor allem, Enzyklopädien. Ihm stellte sich übrigens die Informationsbeschaffung durch den Computer als höchst praktikabel dar – im Vergleich zur Befragung einer Enzyklopädie. Doch welch ein Schicksal ist der Literatur vorbehalten, dem Roman, dem Gedicht?

In ihrem – durchaus begründbaren – Selbstbewußtsein glaubten die Virtuosen der neuen Technologie es sich schuldig zu sein, eine zeitgemäße, den Medien angemessene Literatur zu entwickeln, zum Beispiel den hypertextuellen Roman. Bei dieser Hervorbringung hat nun der einzelne Autor ausgespielt, es herrscht die äußerst freie, um nicht zu sagen: beliebige Kreativität einer Gemeinschaft. Über den Computer tausendfach mit anderen verbunden, darf jeder, der vor dem Bildschirm sitzt, seinen Entwicklungsbeitrag leisten, er ist eingeladen zu einem gruppendynamischen Puzzle-Spiel ohne Ende. Selbstverständlich braucht der Teilnehmer nicht dem traditionellen Prinzip der Linearität zu folgen; Chronologie ist aufgehoben. Man kann ein Romanende auflösen oder umstellen, man kann im Hypertext springen, kann in Konflikte eingreifen, sogenannte Synchron-Modellierungen schaffen, man kann buchstäblich alles mit allem verbinden, und das in der Absicht, »Bezüge« herzustellen. In den erkennbaren »Bezügen« rechtfertigt sich angeblich die Produktion. Und was uns verheißen wird, ist eine Literatur als unbegrenzter Prozeß – Bildschirmliteratur.

Es ist nicht schwer vorauszusagen, daß die Chancen des Buches gegenüber der Bildschirmliteratur auch für die Zukunft nicht schlecht stehen. Elektronisch hergestellte Literatur setzt einen Typus des Lesers voraus, dem wenig an geduldiger meditativer Aneignung liegt, und der – als eigener Produzent und Empfänger – es damit genug sein läßt, Kunsterzeugnisse in schnellen Sequenzen zu rezipieren. Zeit, die große epische Herrscherin, die auf jede Entwicklung im Roman Einfluß nimmt, wird weggeblendet, übergangen, entwertet. Nicht über dargestellte Schicksale, sondern über eine Textstruktur gebeugt, entschlüsselt sich angeblich dem Konsumenten der Bildschirmliteratur die Welt – eine Welt, die er selbst während der Rezeption beliebig verändern kann. Was aber beliebig ist, verpflichtet zu nichts und macht jede Interpretation müßig.

Der traditionelle Leser eines Buches indes, der die lustvollen Mühen einer geistigen Durchdringung auf sich nimmt, widmet sich einem begrenzten, einem fertigen Text, dessen Urheber ein einziger, und zwar belangbarer Autor ist. Mit ihm und seinem Vorschlag, die Welt zu erfahren, stimmt er sich ab. Er kann es um so mehr, als für beide – Leser und Autor – die verbindlich epische Erlebnisregel gilt, wonach, sozusagen, zuerst der König, dann die Königin stirbt, Linearität also im Prinzip gewahrt bleibt.

V

Globales Creative writing in der Gruppe wird das Buch nicht ersetzen. Literatur wird von dem Einzelnen geschaffen und wendet sich an den Einzelnen, und solange es Leser gibt, werden sie bestätigen, daß ein Buch um so mehr preisgibt, als man bereit ist zu investieren – an Gefühlen, an Gedanken, in konzentrierter Zurückgezogenheit. Vermutlich liegt darin eine Bedingung seiner Wirkung, eine Wirkung, die man erhofft, mitunter auch in Kauf nimmt. Und was das Buch vermag, davon kann nur der Einzelne Zeugnis geben. Diesem kann es – beispielsweise – die »Axt sein für das gefrorene Meer in uns«, jenem ein »Spaten, mit dem er sich selbst umgräbt«, und ein anderer nannte nur das Buch gut, das ihn verändert. Lesen ist offenbar eine riskante Tätigkeit: Wir geben etwas von uns auf und erfinden uns neu. Daß die Lust des Erfindens dabei nicht zu kurz kommt, kann ruhig vorausgesetzt werden. Diese Lust ist eine Erfahrung, an deren Ende sich ein überraschendes Glücksgefühl einstellt. Freilich kann es, wie Thomas Anz nachgewiesen hat, ein doppelbödiges Glücksgefühl sein: Es wird durch eine Literatur hervorgerufen, die einerseits die Freuden des Daseins darstellt, uns andererseits aber auch mit dem Unglück in der Welt konfrontiert. Wie unterhaltsam Unglücksfälle indes sein können, welch ein sonderbares Vergnügen wir in der Schaulust finden - tragische Geschehnisse beweisen es allenthalben. Schillers Versuch »Über den Grund des Vergnügens an tragischen Gegenständen« spricht jedenfalls für sich.

VI

Die Ambivalenz der Literatur: der Einzelne bringt sie zum Vorschein, indem er sie entschlüsselt und für sich eine Wahl trifft. Daß es unter hundert Einzelnen nicht zu übereinstimmender Rezeption kommen kann, ist nur selbstverständlich. Ob «Finnegans Wake« oder »Das Schloß« oder die »Wahlverwandtschaften« – sie werden in jedem Einzelnen einen anderen Leser finden, der zwar in denselben Text vertieft, dennoch zu unterschiedlichen Schlüssen kommt. Bei aller Anerkennung der Autorität des Textes fühlt er sich zu Deutungen berechtigt, und hierin zeigt sich der immanente Reichtum der Literatur. Sie bleibt eine Aufgabe, will immer von neuem entziffert, befragt, über die Zeit gebracht werden, als ein Angebot an den Einzelnen, übergreifende Erkenntnis zu gewinnen. Und solange es ein Bedürfnis danach gibt, wird es das Buch geben; die Ausgießung des heiligen Geistes oder eine neue Bergpredigt mittels Elektrizität wird es nicht aus der Welt bringen.

Die Enkel Gutenbergs haben allerdings erfahren müssen, daß es offenbar neben dem »Leseglück« noch ein anderes Glück gibt, nämlich das wohlfeile Konsumentenglück, das der Bildschirm gewährt. Dies ist mit so wenig Anstrengung verbunden, daß das Buch, das eine Anstrengung erfordert, immer mehr an Bedeutung verliert. Eine zwangsläufige Folge: Das Lesen, oder, angemessener gesagt, die Kunst des Lesens wird zum Problem. Denn es kann in der Tat nicht folgenlos bleiben, wenn junge Leute – wie uns die Statistik zeigt – zwar neun Minuten pro Tag lesen, aber hundertsechsunddreißig Minuten fernsehen. Daß die Sprechfähigkeit bei derlei Konsum zurückgeht, ist wohl erwiesen, und daß die Lesefähigkeit sogar dramatisch abnimmt, wird uns aus Betrieben bestätigt: Fünfzehn Prozent der Lehrstellenbewerber gelten als nicht vermittelbar, weil ihre Lese- und Schreibkenntnisse nicht ausreichen. Und schon unterrichten uns andere Statistiken darüber, daß die Zahl der in ihrer Sprachentwicklung gestörten Kinder weiter zunimmt und daß

Legasthenie immer häufiger vorkommt. Auch wenn es dafür sicher verschiedene Gründe gibt – ein wesentlicher Grund ist der Bildschirm, ist das, was er von vorgewählter Wirklichkeit vermittelt. Wird er am Ende triumphieren und die Druckerpresse, die Luther die »letzte, unauslöschliche Flamme der Welt« nannte, endgültig verdrängen, sie und damit die Literatur?

Ohne Zweifel: Verblüffend sind sie Verheißungen der »magischen Kanäle«. Ein kollektives Gehirn kann eine »Netzkultur« entstehen lassen, die jeden mit jedem in der Welt in sogenannter Echtzeit verbindet. Globale Verständigung ist im Augenblick erreichbar, wer Wert darauf legt, kann sich, als eigener Sender, in eine weltumspannende Talk-Show einblenden. Dennoch, all diese neuen Möglichkeiten werden nicht das Ende der Literatur herbeiführen. Die inspirierende Quelle der Literatur – wie überhaupt der Kultur – ist nicht die Welt, sondern die Region, der überschaubare Ort, die erfahrbare Nähe. Über den Zustand oder die

Spielregeln der Welt klären uns Schicksale an einem norwegischen Fjord oder in Petersburg oder in Oxford/Mississippi hinreichend auf. Hierher beziehen wir die »Informationen«, die aufschlußreich für unser Leben und unserer Wahrnehmung angemessen sind. Gewiß, es wird immer nur eine Minorität sein, die die Literatur braucht; aber war es je anders?

Aus der Nähe

Über nordamerikanische Literatur

Ich lernte die amerikanische Literatur erst nach dem Krieg kennen – nicht in Klassiker-Ausgaben, sondern auf miesem Papier, in Form der unvergeßlichen *rororo* (Rowohlts Rotations Romane). Wahllos las ich, was mir vor die Augen kam, was ich mir leisten konnte: die Romane von Faulkner und Hemingway, von Thornton Wilder und Steinbeck, ich las dann in Taschenbüchern – dieser glorreichen Erfindung, der die Literatur eine außergewöhnliche Verbreitung verdankt – die Romane von Thomas Wolfe und Sinclair Lewis und Dreiser. Ich las nicht kritisch, nicht mit der Absicht, mir ein mehr oder weniger abschließendes Urteil zu bilden, sondern – ich muß es zugeben – wie ein Süchtiger, überwältigt von einem Lebenspanorama, das mir bis dahin unbekannt gewesen war. Leidlich vertraut mit dem Problemhaushalt der deutschen Klassik, kam mir das, was die amerikanische Literatur anbot, wie eine Einladung zu neuer Weltentdeckung vor.

Was war es, das mich damals so überwältigte, so einnahm für diese Literatur, was ließ sie mich entdecken und erkennen? Abgesehen von allen formalen Eigentümlichkeiten bot sie mir zunächst ein Bild von grandioser Widersprüchlichkeit, ein wahrhaft doppelgesichtiges Amerika: hier kruder Egoismus einer kapitalistischen Gesellschaft – dort missionierende Weltfreundschaft und brüderliche Gesinnung; auf der einen Seite Heimatsehnsucht und ein Bedürfnis nach Geborgenheit und Wärme – auf der anderen Preisgegebenheit und der Wunsch nach grenzenloser Mobilität; einerseits religiös verbrämtes Philistertum – andererseits die Freiheit der Jazz-Kultur und unbändiger Lebenshunger. Unerschöpflich erschien Amerika in seinen Manifestationen. Die Literatur enthüllte sie, stellte sie dar. Es waren erbarmungslose Enthüllungen, Darstellungen von einer Leidenschaft und Unerschrockenheit, die den Wunsch ahnen ließen, der ihnen zugrunde lag: es war der Wunsch nach Selbsterkundung. Und der schloß eine Interpretation amerikanischer Vergangenheit ebenso ein wie die Schilderung des einsamen, wehrlosen Individuums in einer bedrohlichen Umwelt.

Die Schriftsteller, die ich damals las, waren ausnahmslos Autoren des 20. Jahrhunderts, und was sie mir vermittelten, war nicht allein ein bitterer Befund der Gesellschaft sondern auch eine Vision von einem erhofften Amerika. (»Wir sind die verlorenen Amerikaner«, sagte Thomas Wolfe, »aber ich glaube, wir werden wiedergefunden werden«.) Ich sagte, es waren Autoren des 20. Jahrhunderts, die mir einen Begriff von der eigenständigen großen amerikanischen Literatur gaben, und obwohl es vielleicht ungerecht erscheint gegenüber einigen hervorragenden Schriftstellern des 18. und 19. Jahrhunderts: es ist wohl schon so, daß erst in diesem Jahrhundert ein Bewußtsein von einer geschlossenen amerikanischen Literatur entstanden ist – im Land selbst, aber auch in der Welt. Klar, daß Melville und Whitman, daß Poe und Henry James ihren einzigartigen Rang behalten und zu dieser Literatur gezählt werden müssen, doch ihre vollkommene Unabhängigkeit von Europa, ihre Eigenständigkeit, ihre eigenen Bewegkräfte, die der Neuen Welt ihre Prägung gaben, wurden erst im 20. Jahrhundert deutlich. Zu dieser Eigenständigkeit gehörten zum Beispiel die enge Verbindung von Literatur und Journalismus und die Bereitschaft des amerikanischen Schriftstellers, sich der politischen und wirtschaftlichen Probleme des eigenen Landes beherzt anzunehmen. Und dazu gehört der Sprachbeitrag vieler Bevölkerungsgruppen nicht englischer Herkunft: der Slang der Missouri-Neger, den Mark Twain in die Literatur einbrachte (Huckleberry Finn) – eine von Hemingway bewunderte Tat – sei hier nur als Beispiel genannt. Mit der Aufgabe des King's English als bevorzugtem sprachlichen Ausdrucksmittel beginnt die souveräne Epoche amerikanischer Literatur – lange nach der Unabhängigkeitserklärung von 1776.

Was ist Amerika? Ich glaube, daß jeder, der diese arglose Frage stellt, eine zureichende Antwort aus der amerikanischen Literatur erhält. Er erhält Aufschluß über die Wesensart seiner Menschen, über ihre Kraft und latente Aufbruchsstimmung, aber auch über ihre Begrenztheiten und die Härte ihres Lebensgesetzes. Amerikanische Literatur: das ist ein sehr großes Spektrum der Lebensfülle; es in allen Erscheinungen wiederzugeben ist hoffnungslos. In der Überzeugung, daß der Ausschnitt, die Auswahl charakteristisch genug sind, möchte ich mich auf einige Schriftsteller beschränken, deren Werke das Bild Amerikas in besonderer Weise prägten. Da es in der Literatur keine objektiven Kriterien, kein verbindliches kritisches Besteck gibt, sage ich also gleich, daß es durch und durch subjektive Urteile sind. Außerdem möchte ich versuchen, zum Vergleich eigene Schreiberfahrungen zu erwähnen oder mit Hilfe eigener Schreiberfahrung die Haltungen und Einsichten der Autoren zu kommentieren. Aber welcher Autoren?

Zuerst dachte ich an Theodore Dreiser und seine »Amerikanische Tragödie«; ich dachte an den vielgeliebten Steinbeck und seine »Früchte des Zorns« und nicht zuletzt Francis Scott Fitzgerald und seine Romane »The Great Gatsby« und »Tender is the Night«. Was sie von Amerika vermitteln, ist aufschlußreich genug: Da erfahren wir etwas von der Bewunderung für die industrialisierte Welt und gleichzeitig etwas von dem brutalen Gesetz, das manchen Charakter deformiert; da werden wir vertraut gemacht mit Elend und unverschuldeter Not; und schließlich werden uns Prosperity-Anbetung und eine Jugend gezeigt, die die Wirklichkeit des Krieges erfahren hat und auf die Träume von materiellem Fortschritt nur zynisch reagiert. Ich dachte an diese und auch noch an andere Autoren und entschied mich schließlich für drei Schriftsteller – aus besonderem Grund. Dieser Grund liegt einfach darin, daß ich selbst in meiner Anfangszeit manches von ihnen gelernt habe.

Der erste, den ich nennen möchte – vermutlich ist er der am meisten nachgeahmte Autor der amerikanischen Literatur –, ist Ernest Hemingway. Als ich selbst versuchte, ein Schriftsteller zu werden, bewunderte ich ihn fast widerstandslos. Zwar glaubte ich, manches von Dostojewski, von Thomas Mann und Camus lernen zu können, doch zu ihnen empfand ich nicht die gleiche Hingezogenheit wie zu Hemingway. Ich konnte diese Hingezogenheit begründen. Die Wahrheit, die Hemingway in der Welt fand und seinem Leser anbot, war die Wahrheit einer »Welt im Krieg«. Ich war neunzehn, als der Krieg zu Ende war, und ich glaubte auch schon erfahren zu haben, daß die Haltung des Menschen in all seinen Konflikten von der Kriegsregel bestimmt wird. Es gibt keinen dauernden Frieden, keine Sicherheit, sondern nur die Gefahr, die eine glänzende Gelegenheit zur Würde ist, es gibt wortlose Abschiede, stumme Schmerzen, den Tod. Was allein gilt, ist die

Wirklichkeit des Kampfes, eine Wirklichkeit, die auch besteht, wo anstelle des gegnerischen Soldaten der Stier getötet wird, der Löwe oder der Marlin. Der Kampf wird zum Ritus erhoben. Nicht der Ort oder der Gegner sind entscheidend, sondern das waltende Gesetz. Die Weisheit der Narben: die allein zählt. Alle Figuren Hemingways: die Boxer, die Matadore, die Soldaten, Fischer und Spieler erkennen das Gesetz an. Moral ist für sie lediglich das, wonach man sich hinterher wohl fühlt. Ihre Prüfung, die Prüfung der Hemingway-Helden, geschieht in einer einzigen Sekunde der Feigheit oder des Muts; angesichts des Todes erst beginnt das Verhalten des Menschen rein zu werden – rein, aber auch geheimnisvoll. Die Welt erprobt, zeichnet und zerbricht den Menschen; sein Problem heißt: Ausdauer gewinnen; wer keine Ausdauer aufbringt, wird die Feuerprobe nicht bestehen.

Aber das waren nicht die einzigen Erfahrungen, die Hemingway mir preisgab: seine Welt bestätigte mir, daß tatsächlich jedermann zu jeder

Zeit entweder gerade einen Kampf vor sich hat
oder hinter sich hat – ob es Jockeys sind, Killer,
Jäger oder Trinker, ob sie an spanischen Brük-
ken agieren, auf afrikanischen Steppen, in Vene-
dig oder Havanna. Diese Situation bringt es mit
sich, daß alle Gefühle vorsätzlich geächtet sind,
alles Denken strikt verbannt ist. Das Inventar in
Hemingways Welt ist kein meditierendes, sondern ein handelndes Inventar; was Wunder, daß
da der Muskel gefeiert wird, ein gutes Auge, ein
schnelles Reaktionsvermögen. Die bestimmen-
den Erscheinungen sind deshalb der Verlierer
und der Gewinner. Für Hemingway zählte weniger die Weite eines Panoramas als die Tiefe
einer einzigen Perspektive.
Wie er mit seinem Understatement bekannte,
schrieb er etwas, um »es loswerden zu können«.
(Von seiner Schreibmaschine hat er sogar be-
hauptet, daß sie sein bester Psychiater gewesen
sei.) Sein Stil gibt bereits sein Verhältnis zur
Welt preis. Ich bin der Meinung, daß Hemingway als Stil-Schöpfer Anerkennung verdient,
und wie groß der Einfluß war, den er als Stilist

ausübte, läßt sich an seiner Wirkung auf viele junge Schriftsteller überall in der Welt erkennen. Sicher, auch der Hemingway-Stil hat seine Vorläufer, und eine gründliche Stilanalyse wird unweigerlich zu diesen drei Namen führen: Stephen Crane, Mark Twain und Gertrude Stein; aber schließlich war es doch Hemingway selbst, der sich aus allen Elementen den Stil schuf, den er benötigte. Es ist ein Stil der Strenge, der Sparsamkeit, der Einfachheit. Sein typischer Satz ist gekennzeichnet durch schlichteste Präzision. Sein Satz stellt fest oder verbindet mehrere kurze Aussagesätze durch eine Konjunktion; er ist unbedingt rhythmisch und eingängig auch in der Monotonie. Alle Wahrnehmungen des Schriftstellers werden mit enormer Detailschärfe mitgeteilt.

Ich gebe zu, daß ich diesen Stil am Anfang vorbildlich fand – so wie ihn Autoren wie O'Hara oder Vittorini ebenfalls für vorbildlich hielten. Von Hemingway habe ich gelernt, wie man Ironie und Understatement dialogisch wirksam macht. Ich habe außerdem gelernt, wie sehr es auf die Auswahl der Einzelheiten ankommt und wie man Motiv und Geschehen verwebt. Eine der größten Schwierigkeiten beim Schreiben liegt ja darin, nicht nur über das Bescheid zu wissen, was man erzählt, sondern gleichzeitig zu wissen, was man selbst in jedem Augenblick gegenüber dem Erzählten empfindet. Höchste Aufmerksamkeit gegenüber der Erzählung genügt also nicht, wenn der Autor nicht die gleiche Aufmerksamkeit sich selbst gegenüber aufbringt. Hemingway machte daraus eine Forderung – ich tat es ihm mit meinen Möglichkeiten nach. Seine Absicht war mir klar: Er wollte erregen durch Unerregtheit, kommentieren durch Kommentarlosigkeit, zur Teilnahme bewegen durch Kühle und Distanz.

Allmählich mußte ich aber einsehen, daß sich meine Wirklichkeitserfahrung von der meines Lehrmeisters doch in mancher Hinsicht unterschied. Ich lernte einzusehen, daß auch andere Augenblicke Würde beanspruchen oder verleihen als nur die Nähe des Todes (bei einem Torero, einem Boxer). Die heroischen Augen-

blicke des Scheiterns à la Hemingway be-
herrschten jedenfalls nicht überdeutlich meine
Welt. Ich sah, daß manchmal auch Milch ge-
trunken wurde und nicht nur Calvados, und
nahm überrascht zur Kenntnis, wie Tschechow
eine Tragödie am Teetisch inszeniert. Hemingways Perspektive erschien mir doch ein wenig
begrenzt – bei aller Bewunderung. Und was
mich auf einmal verblüffte, war die Entdek-
kung, daß bei meinem Lehrmeister die Hypo-
theken der Vergangenheit keine Rolle spielten,
ja, daß er offenbar keinen Sinn für die Bedeutung von Vergangenheit hatte – etwa im Unterschied zu William Faulkner, der nicht
aufhörte, sie als Bedingung des Daseins zu er-
kunden, zu vermessen. Dennoch, der Kodex
seiner Helden ist unverwechselbar, seine Statur
in der amerikanischen Literatur unübersehbar.
Als einer aus der »Verlorenen Generation« – so
nannte Gertrude Stein die jungen amerikanischen Autoren, die nach dem ersten Krieg Pa-
ris zur Hauptstadt der Literatur machten –, als
einer von ihnen hat Hemingway dem Lebens-

gefühl seiner Zeit bleibenden Ausdruck ver-
schafft.

Der zweite Autor, den ich nennen möchte, ist
William Faulkner, dessen Riesenwerk nach
meiner Ansicht nichts weniger darstellt als eine
epische Topographie des amerikanischen Südens, es ist Schöpfungsgeschichte und Zu-
standsbeschreibung in einem. Ich bin selbst da
unten gewesen, in dem von ihm erfundenen, le-
gendären Yoknapatawpha – das ungefähr mit
den Grenzen von Lafayette County überein-
stimmt – war in seiner Heimatstadt Oxford,
Mississippi, die bei ihm Jefferson heißt. Und ich
habe die Landkarte gesehen, die er selbst ge-
zeichnet hat – »surveyed and mapped by William Faulkner« –, ein unglaubliches Dokument
insofern, als da nicht die Namen von Dörfern
und Städten stehen, sondern Titel von Faulkners Romanen. Sie markieren dieses Land, sie
erheben sich zu trigonometrischen Punkten, sie
orientieren über hiesige Verhängnisse, Hoffnungen und Niederlagen. Faulkner, der besess-
ene Chronist des amerikanischen Südens, sieht

sich als Landvermesser, der zu einer Geographie der Schicksale beiträgt. Und damit keine Irrtümer aufkommen, steht unter einer Karte: William Faulkner, einziger Besitzer und Eigentümer.

Es ist wohl so, daß der Schriftsteller besondere Eigentumsrechte besitzt an Städten und Landschaften: wir sprechen von Dostojewskis Petersburg, von Joyces Dublin, von einem besonderen Köln, das allein Heinrich Böll gehört. Der Schriftsteller erwirbt dieses Eigentumsrecht durch die prägende Kraft seiner Imagination, die lebensstiftend oder lebensentlarvend das Vorgefundene so weit ver- und umwandelt, bis es zum äußersten Geständnis über sich selbst bereit ist. Schreiben ist ja auch eine besondere Art, etwas in Besitz zu nehmen, und in diesem Sinne erwarben Dickens sein Londons, Kafka sein Prag und William Faulkner den tiefen Süden der Vereinigten Staaten. Erben: das heißt hier also: noch einmal schaffen, und das heißt auch: die Wahrheit einer Stadt, eines Landes noch einmal finden. Kein Zweifel, bei zusammenhängender Lektüre nimmt sich Faulkners Riesenwerk – und zwar nicht nur die Romane des Yoknapatawphazyklus, sondern auch die zahlreichen Kurzgeschichten, die ihm zugeordnet erscheinen – wie ein Schöpfungsbericht aus. Und dies bedeutet, daß das jeweils Erzählte sogleich über sich selbst hinausweist. Wir erfahren unwillkürlich mehr als das, was der Autor uns anbietet: am individuellen Schicksal erkennen wir das allgemeine Los, Erfahrungen werden übertragbar.

Ein Schriftsteller, der die Kraft, die Ausdauer und die Kühnheit zu solch einem Unternehmen aufbringt, muß, glaube ich, von einer totalen Situation ausgehen. Faulkner tut es, indem er verschiedene Lebensmuster zu einem einzigen Grundmuster verbindet, und zwar zeitlich und existentiell: indianische Vergangenheit, herausforderndes Herrendasein, städtische Schicksale und poveres Pflanzerleben und nicht zuletzt das rechtlose Sklavendasein der Neger – dies alles bindet er zusammen zu einem Spektrum der Südstaaten-Existenz. Er läßt eine Gesellschaft entstehen, in der nicht nur – vom Farmer bis zum Baumwollaristokraten, vom Abenteurer bis zum Jäger und Rechtsanwalt – alle Existenzebenen vertreten sind; er gibt ihr auch eine Ordnung, einen Verhaltenskodex. Vor allem aber führt Faulkner sein Personal immer wieder in gleichnishaften Situationen vor. Die Snopes und die Sutpens, die McCaslins und Satoris, die Compsons und die indianischen Männer aus der Familie der Issetibeas werden gezeigt in Zeiten beispielhafter Entwürfe und ebenso beispielhafter Unternehmungen. Sie wiederholen die verpflichtende und übertragbare Erfahrung von Lebensgründung und Verfall, von Ehre und Skrupellosigkeit, von Stolz und Schande. Es sind fast ausnahmslos archetypische Erfahrungen, jedem vertraut, alterslos. Faulkner ist der Überzeugung, daß die Leute des Südens unter einem Fluch stehen und daß über ihren Handlungen ein Verhängnis liegt. Und das heißt: Bei ihnen kann Schuld vorausgesetzt werden oder doch schuldhafte Verstrickung. Im Hinblick auf Faulkners Roman »Die Freistatt« schrieb Malraux: Das ist der Einbruch der griechischen Tragödie in den Kriminalroman. Ich glaube, dieser Eindruck trifft nicht allein auf diesen Roman zu. Schuld, Fluch und Verhängnis bezeichnen das universale menschliche Drama, das Faulkner zu schreiben sich vorgenommen hatte – am Beispiel des amerikanischen Südens.

Was mich immer wieder beeindruckt hat, das ist die Art, wie Faulkner mit dem Phänomen Zeit umgeht, wie er sie auffaßt. Tief in die Vergangenheit und in die Traditionen des Südens zurückblickend, kommt er zum Eingeständnis, daß nichts seinen Abschluß gefunden hat, keine vergangene Schuld, kein noch so entlegenes Unglück. Wie er selbst sagte, gibt es für ihn nur das »es ist«, nicht das »es war«. Wenn es jenes »es war« gäbe, erklärte er, dann gäbe es weder Kummer noch Sorge. Das bedeutet wohl nichts anderes, als daß das Drama des Südens noch keineswegs entschieden ist und in der Zeit ruht; vielmehr ist Faulkner der Ansicht, daß es mit all seinen Problemen – Rassenkonflikte und Zerstörung der Wildnis, Landraub und wirtschaftlicher Niedergang – fortdauert. Wie aber stellt der Erzähler das dar? Faulkner versucht es – zunächst rein äußerlich – mit dem für ihn typischen Mittel der Zeitlupe. Er bremst sozusagen Bewegungen ab, er läßt ein Bild erstarren, so augenfällig, daß man glaubt, Zeit werde angehalten. Um nur ein kurzes Beispiel aus seiner ungemein dichten Prosa zu geben (aus »Licht im August«): »Er bog in einen langsamen und schwerfälligen Galopp in die Straße ein, beide, Mann und Tier, ein wenig steif nach vorn gelehnt, gespenstisch, wie um eine wahnsinnige Eile vorzutäuschen, obwohl wirkliche Eile fehlte, als seien bei jener kalten und unerbittlichen und unbeugsamen Gewißheit von zugleich Allmacht und Hellsicht, an der sie beide teilhatten, ein genaues Ziel und Eile gar nicht mal mehr nötig.«

Wie bei dieser Schilderung einer Bewegung verlangsamt Faulkner auch das Fortschreiten einer Katastrophe. Er will demonstrieren, wie Gewesenes und Gegenwärtiges zusammenfällt, wie es miteinander verwächst. Und dabei wird deutlich, wie jede erzählenswerte Geschichte unweigerlich neue Geschichten nach sich zieht, alles berührt und überschneidet sich zu einem einzigen epischen Bericht, einem Schöpfungsbericht. Im Grund erzählt Faulkner »die alten Geschichten«, die unaufhörlichen Geschichten.

Seine Konflikte sind unser aller Konflikte: Wir finden bei ihm Gelegenheit, uns selbst zuzusehen. Ob er über Gründung und Verfall einer Plantage erzählt (»Absalom, Absalom!«), ob über Krieg und Vergeltung (»Die Unbesiegten«) oder über Schuld und Gerechtigkeit (»Griff in den Staub«): bei Faulkner, dem erklärten Regionalisten, wird alles zum Abbild der Welt. Ob er Reinheit und Sünde im Rassenkonflikt aufdeckt (»Requiem für eine Nonne«) und ob er schließlich die Grenzen von Leid und Buße bestimmt (»Schall und Wahn«): bei diesem Schriftsteller erlangt jeder dargestellte Konflikt universelle Bedeutung. Er macht sein legendäres Jefferson zur Hauptstadt menschlichen Scheiterns und Yoknapatawpha zur auserwählten Provinz exemplarischer Verhängnisse. Er hat den Süden der Vereinigten Staaten, er hat seinen Süden wirklich unvergänglich gemacht. Und wie existent sein imaginärer Süden ist, das hab ich an mir selbst erlebt: Auf einer Reise durch seine Heimat stellte sich unwillkürlich der Zwang ein, konkreten Leuten, die ich sah, Gegenden und Dingen Namen zu geben – die Namen, die Faulkner ihnen einmal gegeben hatte. Ich war fast sicher, den Neger Lucas Beauchamp getroffen zu haben, der einmal gelyncht werden sollte, und Thomas Stutpen, der dem Wahnsinn verfiel; ich fand die Baumwollfelder der Compsons und den Wald des unbesiegbaren Bären Old Ben, und indem ich Faulknersche Namen verteilte, schien sich mir der Süden auf einmal zu erschließen. Jeder ist die Summe seiner Vergangenheit, sagte er einmal. Sein Werk ist die Summe des Südens.

Es gibt wohl keinen Schriftsteller, der es nicht versucht – und sei es auch nur für sich selbst – das Wesen seiner Zeit zu bestimmen oder ihren angemessenen Ausdruck zu finden. Einer, der dies auf mancherlei Weise unternahm, war John Dos Passos. Anders als Faulkner, dem Vergangenheit soviel bedeutete, stellen seine Romane den Versuch dar, Gegenwart in allen Erscheinungen kenntlich zu machen, amerikanische Gegenwart der zwanziger und dreißiger Jahre. Sein übergreifendes Thema ist immer wieder: der einzelne und die Gesellschaft; und der epische Befund läßt fast allemal eine Anklage gegen Amerika übrig. Was ihm nach eigenem Bekenntnis vorschwebte: die »nackte Wahrheit über die typische amerikanische Lebensführung in ihrer Hohlheit und in ihrem Verfall während eines zusammenbrechenden Zeitalters« zu enthüllen. Er war ein Radikaler, ohne Frage, doch sein sozialer Protest ließ ihn nicht die ästhetischen Forderungen vergessen. Seine USA-Trilogie (mit den Bänden »Der 42. Breitengrad«, »Neunzehnhundertneunzehn« und »Hochfinanz«) beweist es, und ebenso der Roman »Drei Soldaten«, in dem er mit den Vorstellungen von Ehre und Heldentum ins Gericht geht. Weltberühmt wurde der Autor durch sein Werk

»Manhattan Transfer«. Weil in ihm alle Möglichkeiten und Fähigkeiten von Dos Passos zum Ausdruck kommen und weil hier die realistischen Erzählkonventionen erweitert, erneuert wurden, möchte ich mich mit diesem Buch etwas näher beschäftigen. Schon Sinclair Lewis hatte dem Autor Dos Passos attestiert, mit »Manhattan Transfer« etwas Außergewöhnliches geschaffen zu haben. Dos Passos bringt hier eine Sache fertig, sagte er, die wie wir alle häufig genug bewiesen haben, unmöglich sein sollte: Er gibt das Panorama, das Wesen, den Geruch, die Klangfarbe, die Seele von New York. Lewis hielt den Roman für bedeutender als Prousts Werk, ja, sogar für bedeutender als den »Ulysses« von Joyce.

»Manhattan Transfer«, zum ersten Mal 1925 erschienen, ist ohne Zweifel der Roman, in dem die amerikanische Großstadt, also New York, literarische Wirklichkeit geworden ist – als Existenzform, als Verheißung, als Anfall und – als Delirium. Sehr gute Schriftsteller haben sich ja an ihr versucht. James und Fitzgerald etwa und auch O. Henry spürten ihren Offenbarungen nach, suchten nach den Ausdrucksformen und Symbolen des neuen Babylon, doch keinem gelang es, die überwältigende Polyphonie der Riesenstadt in gleichem Maße einzufangen wie John Dos Passos. Sein Roman ist – inhaltlich – die Beschreibung eines täglichen Kampfes, einer täglichen Jagd nach Erfolg, Liebe und Prestige in Straßenschluchten, Mietskasernen und Wolkenkratzern. Er ist ein epischer Krankheitsbericht vom Gipfel der Welt, wo allen Schicksalen am Ende nur eines bewiesen wird: ihre Belanglosigkeit. Und schließlich ist dieses Buch auch die geglückte Annäherung an die Wahrheit Manhattans: die Spielregeln, auf die der Einzelne sich in allen Situationen der Selbstbehauptung festgelegt sieht, werden in ihrem ganzen Folgenreichtum aufgedeckt.

Um sein kolossales Werk zu meistern, erfand Dos Passos sich eine ganze Skala von Erzähl- und Darstellungsmöglichkeiten. So virtuos wie er hat wohl kaum ein Schriftsteller die Technik des Films auf die Epik übertragen. Das »Kameraauge«, wie man ihn nannte, versuchte dem Wesen der Stadt mit Hilfe von Schwenks und Überblendungen, von Perspektivenwechsel und Schnitten beizukommen. Er verzichtete auf jede Art von traditioneller Kontinuität im Erzählprozeß und setzte, der für sich sprechenden Kraft der Bilder vertrauend, Großaufnahmen hart gegeneinander. Damit, scheint mir, entsprach er bereits dem Lebenstempo des Giganten. Die große Bewährungsprobe für jeden Schriftsteller – nämlich die Bewirtschaftung epischer Zeit – bestand er auf seine Art: durch methodischen Verzicht auf Übergänge. Indem er diese chaotische Welt spiegelte, gelang es Dos Passos, der Großstadt ihre mythische Dimension zu verschaffen: Rom und Konstantinopel, Babylon und Ninive heben ihre Silhouetten in die Dämmerung.

Was der Schriftsteller von den Leuten in Manhattan erzählt, läßt sie ausnahmslos, ohne Rücksicht auf soziale Höhenlage, als Bewohner eines ungeheuren Umschlagplatzes erscheinen. (Manhattan Transfer, so heißt ja eine Umsteigestation der New Yorker Untergrundbahn.) Sie sind allesamt auf vielfältige Weise unterwegs. Zu städtischer Existenz verurteilt – es heißt ausdrücklich: »Das Schreckliche, wenn einem New York zuwider wird, das Schreckliche ist, daß man nirgendwo anders hin kann« – zeigen sie dennoch kein Verlangen nach definitiver Seßhaftigkeit. Jeder wird irgendwann vom Aufbruchsfieber erfaßt: der Matrose und der Kellner, der Anwalt und der Milchmann, der Schmuggler und der Bankrotteur, und schließlich auch die Schauspielerin und der Reporter. Es gibt hier – bezeichnenderweise – keine Hauptfigur, die alle anderen auftretenden Figuren überragt, überstrahlt. Sherwood Anderson, Dreiser, Lewis und Fitzgerald: sie vertrauten der Demonstrationseigenschaft (auch der Signalhaftigkeit) einer Hauptperson – Dos Passos kommt ohne sie aus; denn er will zeigen, wie sich im kunstvoll gelenkten Figurengewimmel von Manhattan, wo sich alles wie zufällig kreuzt, verschränkt, überschneidet, die Schicksale zu Episoden schrumpfen. Die Auflehnun-

gen, die Versuche, verkorkstes Dasein noch einmal einzurenken, müssen verloren und episo-
denhaft anmuten angesichts des steinernen Rie-
sen, der gleichmütig über alles hinwegsieht.
Vergeblichkeit: das ist es, was Dos Passos an seinen hundert Charakteren demonstrieren will;
Vergeblichkeit der Entwürfe, der Handlungen.
Hier, wo der Gewinner leer ausgeht, wo der jeweilige Tag die Ziele setzt und das Scheitern
zum Woolworth-Erlebnis wird – hier, in dieser monströsen Gründung, triumphiert zum
Schluß nur dies: Bewegung. Die Bewegung von
Leuten und Fährbooten, von Feuerspritzen und
Rettungswagen – eine betäubende Bewegung,
die sich als letzter Inhalt aufdrängt. Für mich ist
»Manhattan Transfer« die Vision einer Auflö-
sung aller menschlichen Beziehungen unter
dem Gesetz von Metropolis.
Ich glaube, daß diese drei Schriftsteller die amerikanische Literatur in hervorragender Weise
repräsentieren; freilich muß ich mir gleich sagen, daß zur amerikanischen Literatur sehr viel
mehr gehört als das, was ich hier auswählend

skizziert habe. Das Panorama einer Literatur wird ja dadurch bezeichnet, daß gleichzeitig zwei, drei Generationen von Schriftstellern mit sehr unterschiedlichen ästhetischen Überzeugungen und inhaltlichen Hingezogenheiten tätig sind, und das erklärt ihren Reichtum, ihre mitunter widerspruchsvolle Erscheinung. Jedenfalls, je länger ich über die Probleme, die Stile und Tendenzen der amerikanischen Literatur nachdenke, desto notwendiger scheint es mir, auch den bedeutsamen Beitrag von ein paar anderen Autoren zu erwähnen; nicht aus Gründen der Vollständigkeit, denn Vollständigkeit ist eine Chimäre, sondern einfach weil er eine Seite der amerikanischen Wirklichkeit belichtet. So ist es wohl unerläßlich, Saul Bellow zu nennen, der in seinen Büchern Witz, Scharfsinn und eine stupende Bildung vereinigt. Zum Code mancher seiner Helden gehört eine sanfte neurotische Disposition – ähnlich wie im Werk von John Updike. Desgleichen kann ich nicht zwei Generationsgefährten unerwähnt lassen, die das Profil der Gegenwartsliteratur wesent-

lich bestimmen: ich meine Truman Capote und
Norman Mailer. Beide haben etwas getan, was
zu denken gibt: Sie begannen als Erzähler – Capote als Schilderer des leisen, idyllischen Amerika; Mailer mit einem furiosen Antikriegsro-
man – und entschlossen sich eines Tages, dem
dokumentarischen Epos den Vorzug zu geben.
Als ob sie kein Zutrauen mehr gehabt hätten zur
reinen Fiktion oder als ob ihnen die Ergebnisse
der Einbildungskraft nicht mehr genügten,
widmeten sie sich sogenannter Tatsachenlitera-
tur; Capote: »Cold Blood«; Mailer: »Heere aus
der Nacht«; »A Fire on the Moon«.
Aus naheliegendem Grund möchte ich auch
Jack Kerouac erwähnen. Auch wenn er als
Schriftsteller nicht einen ähnlichen Rang hat
wie Faulkner oder John Dos Passos: mit seinem
Buch »On the road« hat er das Lebensgefühl
(und das Protestbedürfnis) einer ganzen Generation ausgedrückt, der Beat-Generation. Dieser Roman – 1957 erschienen – enthält eine de-
zidierte Absage an den American Way of Life
und liefert auch gleich Hinweise dafür, auf wel-

che Weise man ihn überwinden, ihm entkommen kann. Gleichgültig gegenüber der Vergangenheit, gleichgültig gegenüber Karriere und Wohlstand und alten Konventionen der Gesellschaft, sucht und findet der Abtrünnige die Erfüllung des Lebens im Unterwegssein. Das Ideal besteht darin, von einem Augenblick zum andern zu leben, ohne Ziel. Nicht die Gesellschaft verdient Interesse, sondern das Ich in seinem Verlangen nach Wahrheit, Liebe und so weiter. Als großer Stern steht über dieser Ausbruchsphilosophie die Lehre des ZEN. Die Parole heißt: Zurück zum einfachen Leben – eine Aufforderung, die bereits Thoreau und Walt Whitman, jeder auf seine Weise, formuliert hatten. Der Einfluß von Kerouac war enorm, sein Roman wurde nicht nur in Amerika zum »Kultbuch«.

Mir ist klar, daß zum bewundernswerten Reichtum der amerikanischen Literatur die Lyrik ebenso gehört wie das Drama. Nicht nur bei uns, auf allen europäischen Bühnen wurden die Stücke amerikanischer Autoren mit großem, mit rechtmäßigem Erfolg gespielt. Ich denke nur an Thornton Wilder, der uns ein abgelegenes Amerika zeigte mit seinen unspektakulären Problemen, denke an Arthur Miller und Tennessee Williams, die Gerichtstag über Pseudomoral hielten bzw. die Obsessionen eines amerikanischen Jedermann aufdeckten. Und selbstverständlich denke ich an Eugene O'Neill, der in seinen Dramen – wie er selbst sagte – »den mißtönenden, zerbrochenen, glaubenslosen Rhythmus unserer Zeit« erkennbar machen wollte. Seine Ideen und Initiative haben gewiß zur Erneuerung des amerikanischen Theaters beigetragen.

Gleichwohl, in einer Hinsicht gleichen sich in Amerika Dramatiker und Erzähler: nämlich in ihrer erklärten Verbundenheit mit den sozialen, moralischen und politischen Bedingungen des Lebens. Amerikanischer Literatur kann man – anders als bei uns – den Stand der »res publica« im weitesten Sinne ablesen. Selbst im Schelmenroman – »Tortilla Flat« – kommt noch der Wunsch zum Ausdruck, an soziale Wirklichkeit zu erinnern. Und diese Selbstverpflichtung des Autors, Realität zu spiegeln oder zu verändern, bezeichnet nicht allein die Eigenständigkeit der amerikanischen Literatur, sondern beginnt mehr und mehr auf die Alte Welt – deren Kulturerbe durchaus gegenwärtig ist – zurückzuwirken; im Dokumentar-Roman ebenso wie im Drama, in der Kurzgeschichte nicht weniger als im Gedicht.

Das Kunstwerk als Regierungserklärung

Etwas über Macht und Phantasie

Jede Revolution hat ihr Ziel: darin sind sich ihre Theoretiker und Mystiker einig. Wie am Anfang das Nein zu etablierter Macht steht, so steht am Ende, wenn der Fluß, wie Trotzki sagt, in sein Bett zurückgekehrt ist, der neue Wert, die verheißene Autorität, das erkämpfte Heil. Die definierten Ziele ergeben sich aus der Lage und dem Bewußtsein des Revolutionärs. Sie reichen von dringender materieller Forderung bis zu irrationalem Sehnsuchtsprogramm. Selbst in der »totalen Revolution« bleibt der Blick auf die letzte Phase einer Normalisierung gerichtet, in der, wie Marx meint, nur noch dies zu tun übrigbleibt: »Sich den ganzen Dreck vom Halse zu schaffen.«

Das Ziel ist aber nicht nur der Inhalt der Revolution, es ist zugleich auch Rechtfertigung des Revolutionärs: Was er für unerläßlich ansieht, geschieht im Namen der neuen Autorität, die, einmal in der Umlaufbahn, ihr Nichtschuldig sprechen wird. Und nicht nur dies: Sie wird ihm das Gefühl geben, im Namen des einzigen, des »wahren« Rechts gehandelt zu haben. Das Ziel erhebt die revolutionäre Tat zum Recht – zumindest in den Augen dessen, der bei der Zählung der Opfer von der Krankheit des nagenden Zweifels ereilt wird.

Was, oft durch Leiden beglaubigt, von wissenschaftlicher Theorie als revolutionäres Ziel ermittelt wurde, gibt einen unmittelbaren Aufschluß über die jeweilige Epoche: Auf den schwarzen Trümmern eines zerschlagenen Regimes wollten die einen Hegels Vernunft triumphieren sehen, die andern Voltaires Toleranz und Gerechtigkeit; diese wollten bei Sonnenaufgang die Menschenrechte als Sieger erleben, jene die »Diktatur des Proletariats«. Vielfältig sind die Hoffnungen, die in »Kopernikanische

Wenden« gesetzt wurden: Sie hießen »Allgemeines Wahlrecht« oder »Mehr Brot«, »Gleichheit vor dem Gesetz« oder »Änderung der Besitzverhältnisse« – ausnahmslos Ziele, die den Zwang der Verhältnisse bezeichneten.

Und Zwang, das hieß: nicht mehr frei wählen zu können; das hieß: die eigene Lage soweit erkannt zu haben, daß revolutionäre Gewalt als unvermeidlich erschien. Wo aber Unvermeidlichkeit besteht, gewinnen revolutionäre Ziele an Schärfe, eine Erfahrung, die überall gemacht werden kann, wo der Mensch sich zur Auflehnung gegen unerträgliche Lebensbedingungen entscheidet. Und eine besondere Glaubwürdigkeit gewinnen revolutionäre Ziele seit je dadurch, daß sie nicht nur für die Betroffenen, sondern auch für jeden andern gelten können. Im Namen des andern zu handeln, dessen Würde wiederhergestellt werden muß: darin fanden mitfühlende Revolutionäre ihre Legitimation. Aus den historischen Laboratorien der Revolutionen haben wir erfahren, daß die jeweiligen Prozesse – von der ideologischen Vorbereitung bis zur Morgenröte einer neuen Ordnung – durchaus gewisse Ähnlichkeiten aufweisen. Sie gleichen sich wie die Ziele und Parolen, die, auch wenn sie zu nichts weniger als zum Ende einer Welt aufrufen, immer wieder nur darauf hinauslaufen: begriffenes Unglück aufzuheben. Wie gleichen sich die Namen, wie gleicht sich das Verlangen! Der Katalog revolutionären Begehrens war offenbar seit langem festgeschrieben, die Gründe zur Auflehnung schienen kaum noch ergänzungsbedürftig. Wie sich das Leiden wiederholte, so wiederholten sich auch die Inhalte revolutionären Handelns.

Und doch schienen noch nicht alle Antworten auf die unerträgliche Herausforderung des Menschen durch den Menschen gefallen zu sein. Anscheinend gab es noch Platz für eine revolutionäre Forderung, die, kaum gestellt, sowohl auf begeisterte Zustimmung als auch auf bedachtsame Skepsis traf. Eine verlockende, eine atemberaubende Forderung: Nicht Vernunft, nicht Gerechtigkeit, nicht Toleranz sollten nach der Etablierung einer neuen Ordnung die Regierung übernehmen, sondern die Phantasie. Die Phantasie an die Macht: Was Mitte des vergangenen Jahrhunderts als blitzartiger Wunsch entstand – und eben nur für einen Augenblick eine blendende Verheißung darstellte –, zeigte sich in den europäischen Unruhen, deren Zeugen wir wurden, als formulierter Anspruch. Eine Generation, durch Solidaritätsverlangen und Lektüre zur Revolte gebracht, erschütterte oder stürzte die alten Autoritäten, um an ihre Stelle einen Wert zu setzen, der als revolutionäre Valuta bis dahin noch nicht aufgetaucht war: Phantasie. Kein Zweifel, in ihrer Kühnheit und in ihrer Problematik entsprach die Forderung: »Die Phantasie an die Macht« jenem bedenklichen Postulat Platos, den Thron der Herrscher für Philosophen zu reservieren. Was verbirgt sich hinter der Forderung, die Phantasie mit der Herrschaft zu betrauen? Vielleicht, weil es so naheliegt, dies: erstarrte Funktions-, Kompetenz- und Machtstrukturen zu überwinden und aus dem Leben ein zumindest chancenreiches Abenteuer zu machen. Vielleicht aber auch die Erwartung, die kalte Mathematisierung der Welt zu unterbrechen und eine Zukunft zu erzwingen, die, von Schmerz gereinigt, nur noch kollektive Spiele bereithält. Oder sollte die Phantasie das Kunststück vollbringen, den Staat überflüssig zu machen und damit alle Übel, die empfundenen wie die eingebildeten, zu beseitigen? Die Phantasie an die Macht: ein Revolutionsziel, so unerwartet und vielsagend, das es verdient, befragt zu werden.

Am Anfang jedenfalls ist das Vertrauen in die Phantasie. In wessen Phantasie, möchte man sogleich wissen, da Einbildungskraft ja nicht für sich existiert. In die von Cromwell oder Robespierre, von Lenin oder Mao? Oder ist gar die ungebundene Phantasie eines Weltgeistes gemeint? Es bleibt nicht im ungewissen: Die Phantasie, die an die Macht gewünscht wird, ist die des Künstlers, des Intellektuellen, des Schriftstellers. Ihr traut man eine glückliche Korrektur der Welt zu und eine unterhaltsame Herrschaft. Warum? Weil sie sich seit je dadurch ausgezeichnet hat, daß sie überschaubare

Schicksale erfand, daß sie die Grenzen des Daseins vorverlegte und auch unmögliches Verlangen ins Recht setzte. Im Unterschied zur vorgefundenen Welt, die offen und alles andere als einheitlich ist, hat uns die Phantasie eine Welt angeboten, in der alles zu einem Ende und zu einer Einheit gebracht ist. Sie hat Ziele erfunden. Sie hat den Dingen einen Sinn zuerkannt. Sie hat vor allem Namen gegeben – nach Hegel der erste Akt, wodurch sich Herrschaft konstituiert. Die Phantasie, die unablässig zur Auflehnung gegen die Realität stimulierte, empfahl sich mitunter als Konkurrentin des lieben Gottes.

Offensichtlich empfahl sie sich auch als Regierungschefin. Und hat sie nicht Beweise dafür gegeben, daß sie auch ihre eigenen Gesetze erlassen kann? Hat sie nicht gezeigt, daß sie in der Lage ist, quälende Widersprüche aufzuheben? Und hat sie nicht schließlich das unstillbare Bedürfnis zufriedengestellt, die uns gelieferte Studie einer unvollkommenen Welt zu verbessern? Spricht denn nicht in der Tat vieles dafür, der

Phantasie zur Macht zu verhelfen, und das heißt: den Schriftsteller, den Künstler an die Spitze zu rufen?

Häufig genug ließ er den »Blitz des Gedankens« in den »naiven Volksboden« einschlagen, wie Marx es nannte. Er war es, der Schriftsteller, der die revolutionären Interessen in Sprache faßte. Indem er sich die Not der anderen lieh, machte er ihnen das Elend bewußt. Sein Vorsprung an Erkenntnis schien auszureichen, um als Erwecker und Lenker von revolutionären Bewegungen aufzutreten. »Ich bin Dynamit«, warnte Nietzsche, und das heißt doch: Hütet euch vor dem Wort, das, wenn ich es will, materielle Gewalt auslöst. Wer über die letzte Erkenntnis verfügt, wer imstande ist, Sinn und Ziel der Revolution zu vermitteln: ist er nicht ganz selbstverständlich zur Herrschaft berufen? Und falls es zutrifft, daß Sprache sich kalkulierbar in politische Aktion umsetzen läßt: gebietet der Schriftsteller nicht bereits über eine unausgenutzte Macht, eine Macht auf Abruf?

Welcher Art die »Macht des Schriftstellers«

auch sein mag: sie ist weder kalkulierbar noch im politischen Sinn legitim. In jedem Fall hat sie nichts mit der Macht zu tun, die sich als freiwillig akzeptiert, als geduldete oder erlittene Form der Herrschaft manifestiert. Sowie die Phantasie die Voraussetzung dafür ist, eine schwerelose Welt ohne jeden Zwang zu entwerfen, so ist Macht die Voraussetzung dafür, durch angewandten Zwang ein »passendes« Verhalten zu erzeugen. Und ist Phantasie, grob gesagt, auf Überwindung der Realität aus, so liegt der Macht an Sicherheit und an der Sicherung von Realien durch Unterordnung. Beide, sowohl die physische als auch die spirituelle Macht, verlangen diese Unterordnung, denn ihr Bedürfnis besteht ja darin, das Verhältnis anderer zur Welt festzulegen. Und ihr Vermögen drückt sich darin aus, dies auch gegen erklärten Widerstand tun zu können.

Macht bestimmt sich also durch Verfügungsgewalt über Mittel, mit deren Hilfe ein Wille durchgesetzt werden kann. Es ist gleichgültig, wie sie erworben wurde: ob durch den Ge-

brauch der Pranke oder durch magische Bega-
bung, ob durch vorgefundenen Besitz oder
durch die Unterstützung durch eine Gruppe –
Macht muß, um ihre Position zu wahren, auf
die Anwendung von Herrschaftstechniken zu-
rückkommen. (Nach Machiavelli dürfen sie
durchaus im Widerspruch zu den Normen
überkommener Ethik stehen.) Sie tut es nicht
ohne den Wunsch nach Rechtfertigung, und
besonders staatliche Macht wird sich beim Ein-
satz ihrer Gewaltmittel auf einen selbstgegebe-
nen oder übernommenen Auftrag berufen. Ihre
erhoffte Legitimität versucht sie dadurch herzustellen, daß sie nicht nur beansprucht, sondern auch gewährt, beziehungsweise garantiert,
nämlich Schutz im Innern und im Äußeren, fer-
ner Rechtssicherheit, Wohlfahrt und Freihei-
ten, soweit diese den herrschenden Ordnungs-
begriff nicht gefährden. Institutionalisierte
Macht setzt also die Interessen der Gesellschaft
fest und teilt die Funktionen so, daß individuel-
le und gemeinschaftliche Ziele verwirklicht
werden können.

Freilich, die Erfahrungen, die wir gemacht haben, erlauben es uns nicht, Machiavellis Erkenntnis widerspruchslos zu übernehmen, wonach Macht vornehmlich ein konstituierendes Element der Politik sei. Zahlreiche Machtinhaber haben ein Beispiel dafür gegeben, zu welcher Anmaßung, zu welcher Amoralität die Verfügung über Gewaltmittel führen kann. Nietzsches Forderung jedenfalls, den »Willen zur Macht« zum höchsten Wert zu erheben, steht die Überzeugung entgegen, daß sie »bedingungslos verdirbt« und, wie Max Weber gezeigt hat, »soziologisch amorph« ist. Bedrängt und bedroht – und auch das entspricht unserer Erfahrung – wird Macht zunächst immer mit diesem Ziel handeln: sich selbst zu erhalten und zu etablieren. Das ist der Inhalt des »Machttriebs«.

Er könnte sich auf nichts berufen, wenn es nicht das seltsame Bedürfnis nach Gefolgschaft gäbe, den »Unterordnungstrieb«. Ratlos, schwankend, den Unsicherheiten des Lebens ausgesetzt, sind wir bereit, dem zu folgen, der uns

neue Gewißheiten verheißt, ein Ende des Wäh-
lenmüssens. Bedürftig nach Zielen, bestätigen
wir den, der sie uns zeigt. Wege weisen: eine
Möglichkeit des Herrschens; verkünden: eine
Form der Machtausübung. Wie oft fand doch
eine Macht unsere Zustimmung, wenn sie sich
nur in der Lage zeigte, Widersprüche aufzulö-
sen und unseren Aktionen einen »Sinn« zu geben. Geblendet von »Heilsgut«, das die Lenker
von Schicksalen uns anboten, erkannten wir ihren Führungsanspruch an und billigten ihnen
physische und psychische Machtmittel zu.
Herrschenkönnen schloß für die, die zur Unterordnung bereit waren, auch schon Sachverstän-
digkeit ein. Wer nun die Phantasie an die Macht
wünscht, muß sich wohl danach fragen lassen,
welche Machtmittel er ihr zugesteht; denn, einmal mit Herrschaft betraut, wird sie diese aus-
üben und notfalls auch durchsetzen müssen.
Man muß ja davon ausgehen, daß Interessen-
konflikte auch unter dem Regime der Dame
Phantasie weiterbestehen werden. Wie sie lö-
sen, entscheiden? Mit Hilfe der Polizei? Das ist

wohl ausgeschlossen, denn die zur Macht ge-
langte Phantasie ist es sich selbst schuldig, auf
die Anwendung physischer Machtmittel zu ver-
zichten; ja, dieser Verzicht wird doch gerade
von ihr erwartet. Durch geduldige Überzeugung also? Schon meldet sich eine spitzfindige
Opposition und erklärt, daß auch im Akt des
Überzeugens eine Gewaltmaßnahme liegt.
Durch ein schön verziertes Dekret, das Frieden,
Wohlfahrt und Rechtssicherheit in den Rang
verbindlicher und vernünftiger Werte erhebt?
Schon zeigt es sich, daß mit Vernunft kein Staat
zu machen ist, denn sie erweist sich nicht in der
Lage, einen Ausgleich zu schaffen zwischen den
Ansprüchen der Theorie und den Forderungen
der Praxis. Auf welche Machtmittel kann sich
demnach die Phantasie berufen, wenn sie, Er-
füllung des revolutionären Ziels, zur Herrschaft
gekommen ist? Es ist zu fürchten, daß es immer
nur das eine sein kann: das Kunstwerk. Das
Kunstwerk, das zugleich Regierungserklärung
und Regierungsform ist. Was aber heißt das?
Es heißt nichts weniger, als daß der Künstler als

Herrscher uns einlädt, politische Prozesse als ästhetische Ereignisse zu erleben und zu bewerten. Er betrachtet es als seine Aufgabe, geschichtliche Vorgänge zu verwandeln: Indem er die Welt auf seine Weise konzipiert, wird sie zum geschlossenen Kosmos. Das Flüchtige erhält durch ihn, den Liebhaber des Absoluten, Dauer. Nicht der einzelne Tod auf den Barrikaden wird dargestellt, vielmehr werden an Hand des Einzelfalls, der zur Kunst erhoben ist, alle Tode dargestellt, die jemals auf den Barrikaden gestorben wurden.

Der Künstler bemächtigt sich des Ereignisses und gibt es so wieder, daß es über die Epoche hinausweist. Sein leidenschaftliches Interesse gilt dabei weniger dem Inhalt als dem vollkommenen Ausdruck: Er wird das Scheitern einer Revolution verwinden, wenn es ihm ein Meisterwerk ermöglicht hat. Ein formaler Triumph wiegt eine Niederlage auf. Auf die Realität zwar angewiesen, wird der Künstler sie durchschreiten und hinter sich lassen auf der Suche nach dem reinen Inbegriff.

Daraus folgt, daß er, beziehungsweise die Phantasie, nicht unbedingt an der Seite des Fortschritts zu finden ist. Die Phantasie wählen: das heißt, sich für eine Welt im Reinzustand erklären. Gewiß, die Phantasie gibt der Welt, was ihr fehlt, doch sie gibt es ihr auf einer anderen Ebene der Wirklichkeit. Ihre Gaben stillen nicht das verzweifelte Begehren, das aus physischer oder sozialer Not entstanden ist. Physische Not, soziales Elend: sie sind für uns keine Ansichtssache; ein Werk der Phantasie hingegen kann bis zu einem gewissen Grade Ansichtssache sein. Warum? Weil sie uns weder Garantien geben kann wie andere Autoritäten, noch dazu bereit ist, sich zu rechtfertigen. Ihre Gesetze gelten nur in ihrem Reich, sie sind nicht übertragbar. Da die Macht disqualifiziert ist, bleibt jeder aufgefordert, für die Verwirklichung seiner Ziele selbst zu sorgen. Wo Phantasie die Herrschaft übernimmt, da ist jeder sein eigener Souverän und vor allem mit sich selbst konfrontiert: Wir sind in der Nähe des Absoluten. Das aber kann nicht das ersehnte Ziel sein, zu dem wir aufgebrochen sind; denn wie Camus zutreffend sagt, verhöhnt die absolute Freiheit die Gerechtigkeit, während die absolute Gerechtigkeit die Freiheit verneint. Der Traum vom Absoluten mag denen entsprechen, die in der Revolution ein wissenschaftliches Experiment sehen; den Menschen, denen daran gelegen ist, sich aus Zwangsverhältnissen zu befreien, entspricht er nicht. Die Phantasie an die Macht? Der Künstler in die Regierung? Was sich spontan fordern läßt, wirkt schon in dem Augenblick problematisch, in dem wir es weiterdenken; nicht einmal bis ins Letzte, sondern nur bis zu dem Punkt, wo das belegte Verhältnis des Künstlers zur Revolution überprüft werden kann.

Es erstaunt uns kaum, daß Revolutionäre seit je ein gewisses Mißtrauen gegenüber Schriftstellern empfanden. Allem Anschein nach ist es ein gerechtfertigtes, zumindest aber verständliches Mißtrauen: Es besteht zwischen Menschen, die, auf Veränderung und Erneuerung bedacht, ursprünglich durchaus verwandte Ziele verfolgen, die sich aber in ihren Mitteln und Haltungen schwerwiegend voneinander unterscheiden. Hier ein düsteres Fest der Aktion, dort kontemplativer Genuß eines Schauspiels; hier eine »Revolution der Not«, dort das Bedürfnis nach einem unterhaltsamen literarischen Rausch. Die Erlebnisunterschiede von Revolutionären und Schriftstellern sprechen für sich.

Nachweise

»Mutmaßungen über die Zukunft der Literatur« erschien zuerst 1999 in dem von Marion Gräfin Dönhoff und Theo Sommer herausgegebenen Band »Was steht uns bevor? Mutmaßungen über das 21. Jahrhundert. Aus Anlaß des 80. Geburtstags von Helmut Schmidt« (Siedler Verlag).

»Aus der Nähe. Über nordamerikanische Literatur« wurde erstmals 1999 in dem von Helmut Schmidt herausgegebenen Band »Erkundungen. Beiträge zum Verständnis der Welt« (Deutsche Verlags-Anstalt) publiziert.

»Das Kunstwerk als Regierungserklärung« erschien zuerst 1979 als Einleitung zu Thomas von Vegesacks Buch »Die Macht und die Phantasie. Schriftsteller in den Revolutionen« (Knaus Verlag).